FIACHA MAC AODHA Ó BROIN

An Chéad Chló 2003
© Leabhar Breac 2003

ISBN 1-898332-16-9

Ealaín: Jonathan Barry
Dearadh agus clóchur: Caomhán Ó Scolaí

Arna phriondáil ag Clódóirí Lurgan

Fiacha mac Aodha Ó Broin

le Vivian Uíbh Eachach

LEABHAR BREAC

Daichead míle lasmuigh de chathair Átha Cliath, tá gleann ar a dtugtar Gleann Molúra. Áit ar leith is ea an Gleann, áit chiúin álainn ar nós gleannta go leor eile sa cheantar céanna. An 25ú lá de Lúnasa, 1580, áfach, ní raibh Gleann Molúra chomh ciúin sin mar ba é sin an lá ar tharla ann ceann de na cathanna ba thábhachtaí sa chogadh idir Gaeil agus Gaill.

I gCríoch Branach, an ceantar a bhí ag Muintir Bhroin, atá Gleann Molúra. Na Branaigh a thugtar orthu sin. Teaghlach amháin de na Branaigh ab ea Gabhal Raghnaill agus bhí cónaí orthusan sa Ghleann. Ceannaire go luath san 13ú haois ab ea an Raghnall seo agus ba lena shliocht siúd ceantar mór ó dheas ó Bhaile Átha Cliath.

An Pháil a thugtar ar an limistéar timpeall ar Bhaile Átha Cliath a bhí faoi rialú ag na Sasanaigh ar feadh na gcéadta bliain. Ar na príomhtheaghlaigh a sheas sa tslí ar riail na nGall sa cheantar sin, bhí na Branaigh. Ar feadh an ama, ba é mian Shasana deireadh a chur le neamhspleáchas na nGael agus iad a sciosadh ar fad, dá bhféadfaí. Mar shampla, nuair a fuaireadar an lámh in uachtar ar Bhran Ó Broin sa bhliain 1449, chuireadar iachall air geallúint scríofa a thabhairt go gcaithfeadh sé féin agus a chlann éadaí gallda agus go bhfoghlaimeoidís Béarla. Ba í an Ghaeilge teanga an phobail i gCúige Laighean an uair sin agus bhí sí á labhairt ag cách.

Níor bhain Gabhal Raghnaill le craobh shinsearach na mBranach, is é sin an teaghlach as a roghnaíodh na Branaigh a dtaoiseach. Le linn an 15ú haois agus an 16ú haois, ghéill taoisigh na

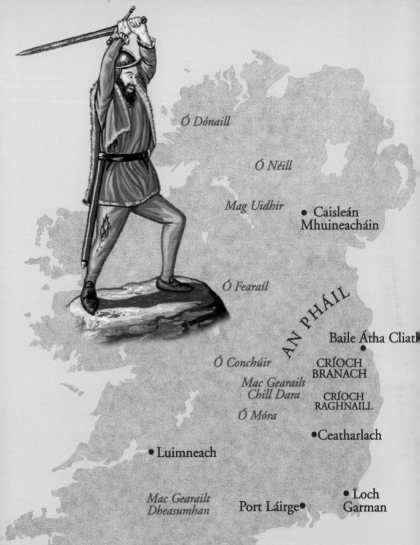

Ó Dónaill

Ó Néill

Mag Uidhir

● Caisleán
Mhuineacháin

Ó Fearail

AN PHÁIL

Baile Átha Cliath●

Ó Conchúir

CRÍOCH
BRANACH

Mac Gearailt
Chill Dara

CRÍOCH
RAGHNAILL

Ó Móra

●Ceatharlach

● Luimneach

● Loch
Garman

Mac Gearailt
Dheasumhan

Port Láirge●

Corcaigh●

ÉIRE

SA 16ú HAOIS

mBranach do Shasana agus chailleadar cuid mhór dá smacht. Ach ní raibh Branaigh Ghabhal Raghnaill sásta géilleadh agus, de réir mar a bhí seantaoisigh na mBranach ag lagú, bhí Gabhal Raghnaill ag bailiú nirt. Tar éis tamaill, bhí tacaíocht agus aitheantas á mbaint amach acu i bhfad is i gcéin.

Mac le Seán Ó Broin agus a bhean, Doireann, ab ea Aodh. Nuair a tháinig seisean i gceannas ar Ghabhal Raghnaill sa bhliain 1550, cuireadh tús le ré nua fáis don Ghabhal. Bhí sé ina thaoiseach ar Ghabhal Raghnaill ar feadh beagnach tríocha bliain. Ceannaire láidir ab ea Aodh mac Seáin a raibh scileanna maithe polaitíochta aige. Thuig sé cathain ba chóir a bheith gníomhach agus cathain ba chóir a bheith ina thost. Bhain sé leas as na scileanna sin chun Gabhal Raghnaill a neartú agus a bhuanú. Bhí sé sin tábhachtach mar bhí brú níos measa ná riamh á chur ag dream na Páile ar na Gaeil i gCúige Laighean. Bhí misneach thar na

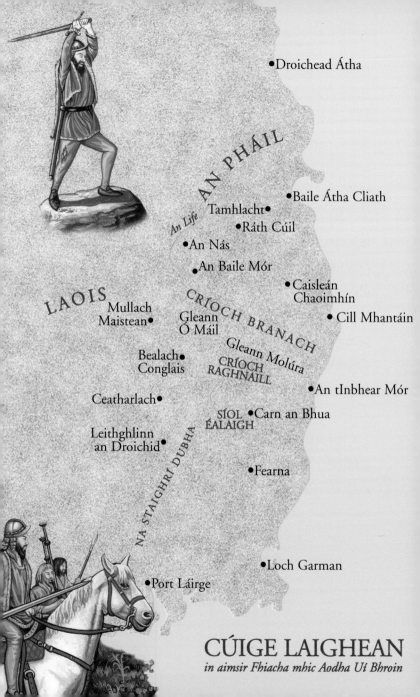

Droichead Átha

AN PHÁIL

An Life

Tamhlacht

Baile Átha Cliath

Ráth Cúil

An Nás

An Baile Mór

Caisleán Chaoimhín

LAOIS

CRÍOCH BRANACH

Mullach Maistean

Gleann Ó Máil

Cill Mhantáin

Gleann Molúra

Bealach Conglais

CRÍOCH RAGHNAILL

An tInbhear Mór

Ceatharlach

NA STAIGHRÍ DUBHA

SÍOL ÉALAIGH

Carn an Bhua

Leithghlinn an Droichid

Fearna

Loch Garman

Port Láirge

CÚIGE LAIGHEAN

in aimsir Fhiacha mhic Aodha Uí Bhroin

bearta aige agus ní raibh aon leisce air tacú leis na Móraigh, taoisigh Laoise, sna 1560í nuair a bhí na Sasanaigh á gcur as a gcuid talún. Chuir an seasamh cróga a ghlac sé ansin go mór le gradam Ghabhal Raghnaill i measc na nGael.

Ba i dtús ré Aodha mhic Sheáin a cuireadh tús leis an mbailiúchán mór dánta ar a dtugtar Leabhar Branach sa lá atá inniu ann. Ar chuireadh ó Aodh, thosaigh filí móra na hÉireann ag tabhairt cuairt ar an nGleann agus ag cumadh dánta molta faoi thaoisigh Ghabhal Raghnaill. Scríobhadh na dánta sin sa tréimhse 1550 go 1630 agus is léir gur mhór an fháilte a bhí roimh éigse Éireann i nGleann Molúra. Bhí an fháilte chomh mór sin gur mhaith le roinnt de na filí fanacht i lios Aodha go deo:

Mac Dhoireann, gnúis fháilí
maith gan mhaíomh a mhaith siúd
sula dtagann Lá na Breithe
go bhfága Dia i bhflaitheas Aodha sinn.

Bhí na Gaill ag éirí an-láidir an tráth seo, áfach, agus bhí brú mór á chur ar Chríoch Branach acu. I lár na 1560í, lonnaíodar gallóglaigh (saighdiúirí de bhunadh na hAlban), faoi cheannas ag Toirealach Mac Dónaill, i gCríoch Branach. Cuireadh iachall ar na Branaigh agus ar a gcomharsana, na Tuathalaigh, iad a bheathú. Nuair a oirníodh Tadhg Óg Ó Broin mar thaoiseach ar na Branaigh, thug na Sasanaigh airgead dó chun nach bhfeidhmeodh sé mar thaoiseach, agus ghlac sé leis. Ina theannta sin, thugadar cumhachtaí cogaidh sa cheantar d'oifigeach dá gcuid, Francis Agarde, gníomh a chuir tús le blianta fada cogaíochta sa cheantar.

Níos faide ó dheas, thugadar na cumhachtaí céanna d'oifigeach eile dá gcuid, Thomas Masterson. Fear brúidiúil amach is amach ab ea Masterson a bhí tar éis teacht as Sasana agus na blianta a chaitheamh ag troid in aghaidh na nGael i Laois. Níor luaithe ceaptha é ná gur dhein sé slad ar na Caomhánaigh i ndeisceart Laighean. Mharaigh sé ceannaire dá gcuid, Muiris Dubh. D'éirigh na Buitléaraigh agus na Caomhánaigh amach ansin agus bhí an tír trína chéile.

Le linn na tréimhse corraithe seo, d'éirigh le hAodh mac Seáin Gabhal Raghnaill a chosaint agus a choimeád slán. Go luath ina shaol, phós sé Sadhbh Ní Bhroin, as an gCluain Mhór. Rug sise mac agus iníon dó – Fiacha agus Eisibéal. Ina dhiaidh sin, phós sé Sadhbh eile, iníon le hArt Óg Ó Tuathail as Caisleán Chaoimhín. Bhí clann mhór aige le Sadhbh Ní Thuathail, ar a raibh Seán Salach, Séamas, Art, Cathaoir, Conall, Mairgh-réag, Úna, agus duine nó beirt eile. Ach, mar a tharla, bheadh an mac sin, Fiacha, ina chrann taca láidir dá athair agus ina thaoiseach láidir é féin ag Gaeil Chúige Laighean sna blianta cinniúnacha ina dhiaidh sin.

Sa bhliain 1563, ghabh Fiacha dhá chaptaen de chuid na Sasanach agus chuir sé i bpríosún i nGleann Molúra iad. Bhí a athair, Seán mac Aodha, an-sásta le Fiacha agus nuair ba mhian leis fanacht amach as conspóid, d'fhágadh sé faoi Fhiacha an obair a dhéanamh. Ghlac an mac díograiseach leis an deis é féin a chruthú. Samhain na bliana 1569, d'eagraigh sé fuascailt Éamainn de Buitléir as an bpríosún i gCaisleán Átha Cliath. Bliain go leith ina dhiaidh sin, chuaigh sé féin agus Ruairí Óg Ó Móra as Laois ar an ionsaí ar na Sasanaigh.

Bhí clú agus cáil ag teacht ar Fhiacha mac Aodha i measc Gael agus Gall. Le himeacht na mblianta bhí sé páirteach in an-chuid eachtraí a bhí i mbéal an phobail. Bealtaine na bliana 1572, d'ionsaigh sé féin agus beirt eile – Brian mac Cathaoir Caomhánach (a bhí pósta lena dheirfiúr, Eisibéal) agus Maitiú Furlong – Roibeard de Brún, fear a bhí páirteach i dtógáil tailte ó na Gaeil i ndeisceart Laighean. Chuireadar chun báis é. Mar dhíoltas, mharaigh na Sasanaigh deartháir le

Fiacha agus beirt dá phríomhshaighdiúirí. Sa deireadh bhí ar Fhiacha agus Brian mac Cathaoir síocháin a dhéanamh leis na Gaill ach lean an Furlongach ar aghaidh ag troid.

Ní raibh an scéal réitithe, áfach, ná baol air. Tháinig athair céile an Bhrúnaigh, Nioclás de Faoite, ar ais ó Shasana agus é ar buile go raibh an réimeas i mBaile Átha Cliath tar éis síocháin a dhéanamh chomh bog sin. D'eagraigh sé ionsaithe ar Fhiacha agus Brian. Mar fhreagra ar na hionsaithe sin, bheartaigh an bheirt acu troid ar ais. Le harm 400 ceithearnach (saighdiúirí coise na nGael, réabadar bailte na nGall i gceantar na Sláine, ar ar thug na Gaill 'Contae Loch Garman' agus thóg creach mhór. Leis sin, tháinig craobhacha eile de na Caomhánaigh agus roinnt de na Furlongaigh chun tacú leis an mbeirt. Bhí ionsaithe laethúla ar siúl ag an arm nua ar an bPáil agus bhí na Sasanaigh ag éirí an-bhuartha. Ní hé amháin go raibh na Gaeil ag tacú le Fiacha mac

Aodha ach bhí an chuma ar an scéal go raibh sé ag fáil tacaíochta ó roinnt mhaith de na seanGhaill freisin – na Breathnaigh, na Godmanaigh, na Talbódaigh, na hAraltaigh agus na hÁirseabódaigh go háirithe. Daoine de bhunadh gallda a bhí lonnaithe i gCúige Laighean leis na céadta bliain ab ea iad sin. Bhí ar na Sasanaigh teacht ar réiteach. Nuair a d'éirigh leo Maitiú Furlong a mharú, bhí sásamh éigin acu agus dheineadar síocháin le Fiacha.

Agus an tsíocháin i réim, d'fhás ceangal nua idir Gabhal Raghnaill agus na Móraigh nuair a phós deirfiúr le Fiacha, Mairghréag, Ruairí Óg Ó Móra. Mí na Samhna, bhí fleá mhór trí lá agus trí oíche i Laois chun an pósadh a cheiliúradh agus bhí maithe agus móruaisle Ghaeil Laighean i láthair. Agus Fiacha ag teacht abhaile ón mbainis, áfach, d'ionsaigh fórsa Sasanach é in aice leis an Nás. Fuair Fiacha an lámh in uachtar orthu. Ghabh sé a gceannaire, Piaras Fitzjames, agus thug abhaile leis é go Críoch Raghnaill. Choimeád sé ina phríosúnach ansin é go dtí gur iarr na Sasan-aigh ar Aodh mac Seáin é a thabhairt ar ais, ar airgead mór. Deineadh amhlaidh.

Ba í Sadhbh Chaomhánach, as an nGarbh-choill, gar do Cheatharlach, an chéad bhean chéile a bhí ag Fiacha. Ba léi siúd a chuid leanaí go léir ach amháin mac amháin. Scar Fiacha agus Sadhbh sular ceapadh Fiacha mar thaoiseach ar Ghabhal Raghnaill. Phós sise Éamann de Buitléir, an fear ar chabhraigh Fiacha leis éalú as Caisleán Átha Cliath sa bhliain 1569. Phós Fiacha bean óg a bheadh ina crann taca aige ar feadh an chuid eile dá shaol – Róis Ní Thuathail, iníon le Fiacha mac Airt Óig Ó Tuathail as Caisleán Chaoimhín. Bhí Féilim agus Réamann, beirt mhac le Fiacha, mar fhinnéithe leis an gconradh pósta eatarthu. Phós Féilim agus Réamann deirfiúracha le Róis – Úna agus Caitríona. Duine thar a bheith cliste ab ea Róis agus bhí Fiacha an-tugtha di. Ba bheag gníomh a

dhein sé nach raibh baint aici leis. Comhairleoir cumasach ab ea í a raibh an-tuiscint aici ar chúrsaí polaitíochta.

Sa bhliain 1572, bhí Fiacha ag bailiú nirt. Tuairiscíodh go raibh 200 ceithearnach eile fostaithe aige. Dhá bhliain ina dhiaidh sin, nuair a mheas sé a chuid fórsaí a bheith láidir go leor, chuaigh sé san ionsaí ar an bPáil arís. Dhóigh sé sráidbhaile Chill Mhaighneann go talamh. Bhí na Sasanaigh ag éirí imníoch arís. Bhí mac dána Aodha mhic Sheáin ag úsáid a chuid scileanna cogaíochta agus polaitíochta go paiteanta ina gcoinne. Bhíodar buartha faoi chumas Fhiacha teacht ar chomhghuaillithe i measc na seanGhall. Sa bhliain 1575, ghabhadar duine de na ceannairí ba thábhachtaí i measc na seanGhall, Gearóid Mac Gearailt, Iarla Chill Dara, as comhcheilg a bheith ar bun aige le hAodh, Fiacha agus Ruairí Óg. Cúisíodh Éamann Saghas Fitzrichard freisin as a bheith ag feidhmiú mar theagmhálaí eatarthu. Ach

lean Fiacha ar aghaidh lena chogadh in aghaidh na nGall. Bhuail sé an ceantar a bhí faoi cheannas Masterson go háirithe. Nuair a saoradh Mac Gearailt as príosún i Londain sa bhliain 1577, bhí an chogaíocht fós ar bun.

Agus an tsíorchogaíocht ar siúl i gCúige Laighean, fuair Fiacha buille mór pearsanta sa bhliain 1577. Mharaigh na Sasanaigh a dheirfiúr, Mairghréag, agus an bheirt mhac óg aici. Tharla go raibh Henry Harrington, oifigeach tábhachtach de chuid Shasana, ina phríosúnach ag a fear céile, Ruairí Óg Ó Móra, i gcampa dá chuid i Laois. D'ionsaigh na Sasanaigh an campa agus mharaigh siad na mná agus na leanaí a bhí sa chuid den champa a d'ionsaíodar i dtosach. Ag an nóiméad deiridh, d'éirigh le Ruairí Óg agus a mharascal éalú. Thriaileadar Henry Harrington a mharú ar an tslí amach. Cé gur fágadh i mbéal an bháis é, tháinig Harrington slán. Ábhar mór bróin ab ea bás a dheirféar ag Fiacha. Cé gur cuireadh chun báis muintir leis roimhe sin, a mhac san áireamh, bhí gean ar leith aige do Mhairghréag agus dá clann. Ach ní raibh deireadh leis an tragóid phearsanta go fóill. Cúpla lá ina dhiaidh sin, mharaigh na Sasanaigh deartháir le Fiacha, Seán.

Bhí rialtas Shasana i mBaile Átha Cliath ag ionsaí na Mórach go trom faoin am seo agus é i gceist acu iad a scriosadh ar fad. Níorbh fhada ag fanacht iad, is baolach. Geimhreadh 1577, thugadar cuireadh do cheannairí de chuid na Mórach a bhí géilliúil dóibh teacht chuig fleá ar Mhullach Maistean. Agus an fhleá ar tí tosú, d'ionsaíodar na haíonna, nach raibh armtha, agus dheineadar slad orthu go léir. Robert Hartpole, Francis Cosby agus Henry Harrington a d'eagraigh an t-ár.

An bhliain dár gcionn, dhein na Sasanaigh ionsaí láidir ar fhórsaí Ruairí Óig. B'éigean do na Móraigh teitheadh chuig tír Aodha mhic Sheáin, athair céile Ruairí Óig, chun tearmann a fháil. Mí Iúil na bliana sin, áfach, tháinig an buille marfach nuair a maraíodh Ruairí Óg féin. Bhí deireadh leis an éirí amach agus bhí na céadta de na Móraigh marbh. D'imigh a raibh fágtha d'arm Ruairí Óig le Fiacha.

Má bhí ceithearnaigh bhreise faighte ag Fiacha, bhí deis faighte ag fórsaí Shasana díriú níos fearr ar cheantair eile i gCúige Laighean, Críoch Branach san áireamh. Níor thóg sé i bhfad ar na Gaill géarú ar a bhfeachtas. Gan mhoill, ceapadh Henry Harrington i gceannas ar fhórsaí Shasana i gCríoch Branach mar chomharba ar athair a chéile, Agarde. Ar cheann de na chéad bhuillí a bhuail seisean, bhí gabháil agus dúnmharú Fhiacha Uí Thuathail, taoiseach na dTuathalach. D'fhuadaigh Harrington mac an Tuathalaigh, Brian, thóg mar mhac aige féin é agus thug 'Barnaby' air. An tráth céanna, d'imigh Masterson ar an ionsaí in aghaidh na gCaomhánach agus bhris cath orthu sna Staighrí Dubha. Ansin mharaigh a chuid fórsaí Gearóid Mac Murchú Caomhánach, ceannaire de chuid na gCaomhánach, in aice le Fearna. Ná ní raibh dearmad á dhéanamh ag na Gaill ar Fhiacha mac Aodha. Ag smaoineamh dó ar ár Mhullach Maistean, thug Masterson cuireadh d'Fhiacha teacht chun cainte. Fuair Fiacha amach óna chuid spiairí, áfach, gur luíochán a bhí á ullmhú dó seachas díospóireacht. In ionad cúlú as an ngaiste, bheartaigh Fiacha dul timpeall air. Tháinig sé aniar aduaidh orthu agus dhein sé slad mór ar fhórsaí Masterson.

Ach bhí na Sasanaigh ag ionsaí leo i ndeisceart Laighean. Thosaigh a gcuid ionsaithe ar Fhiacha ag dul i méid agus i dtreise. An bhliain chéanna sin, 1578, d'éirigh le Masterson agus Carew, ceannaire eile de chuid na nGall, trí ionsaí fhíochmhara a dhéanamh ar a chuid fórsaí. D'fhág sé sin lag go leor é, tráth a raibh a chomhghuaillithe ag titim freisin. Thuig Fiacha go maith an chríoch a bheadh i ndán dó féin agus dá lucht leanúna mura n-aimseodh sé dul as an ngaiste ina raibh sé. Tar éis an scéal a mheas, léirigh Fiacha tuiscint mhaith ar an seanfhocal 'is fearr rith maith ná drochsheasamh' agus bheartaigh sé géilleadh do na Gaill. Ghlacadarsan leis an tairiscint láithreach bonn agus, an 21 Meán Fómhair, ghéill Fiacha go hoifigiúil in Ard-Teampall Chríost i mBaile Átha Cliath. An lá céanna, ghéill na taoisigh Féilim Ó Conchúir agus Seán mac Ruairí Ó Móra. An lá dár gcionn, ghéill Brian mac Cathaoir Caomhánach ag Leithghlinn an Droichid. Seachtain ina dhiaidh sin, ghéilleadar arís i nDíseart Diarmada. Roimh dheireadh na bliana, bhí Brian mac Cathaoir ar shlí na fírinne. Tar éis a bháis, phós Eisibéal Féilim Ó Tuathail i dTeach Conaill. D'ainneoin na cogaíochta, bhí an saol ag dul ar aghaidh.

Má bhí saol nua ag Eisibéal, áfach, bhí a shaol ag teacht chun deiridh ag a hathair. Sa bhliain 1579, fuair Aodh mac Seáin bás agus tháinig deireadh le ré mhór i stair Ghabhal Raghnaill. Roghnaíodh Fiacha mac Aodha mar thaoiseach. Tar éis na blianta a chaitheamh mar mhac dílis ag duine de na taoisigh ba rathúla riamh ar Ghabhal

Raghnaill, bheadh deis ag Fiacha a chuid buanna agus scileanna féin mar cheannaire a léiriú. An lá a oirníodh an taoiseach nua, is cinnte nach raibh sé dall ar na dúshláin mhóra a bheadh roimhe. Cheana féin, bhí rudaí ag titim amach a chuirfeadh go mór leis na dúshláin sin.

An bhliain chéanna sin 1579 thug Gearóid Mac Gearailt, a raibh an teideal gallda Iarla Dheasumhan air, aghaidh ar riail na Sasanach. Thosaigh éirí amach in aghaidh na nGall i gCúige Mumhan. I gCúige Laighean, thug na Sasanaigh cead do Henry Harrington 'fir gan mháistir' a chrochadh ar an toirt. I gcóras na nGael, d'fhág sé sin cuid mhaith daoine idir cheithearnaigh, cheardaithe, fhilí agus cheoltóirí i mbaol a mbáis.

Siar ó Chríoch Raghnaill, tháinig ceannaire nua eile chun cinn mar chomharba ar a athair siúd. Ba é sin Séamas Iústás, a fágadh i gceannas ar mhuintir Iústáis nuair a cailleadh a athair siúd, Rólann, a raibh an teideal gallda Bíocunta Bhealach Conglais air.

Faoi theacht na bliana 1580, bhí an teas á ardú ag na Sasanaigh i gCúige Laighean. Bhí Harrington ag brú chomh mór sin ar sheantaoisigh na mBranach gur éiríodar amach ina choinne. Ach cailleadh a dtaoiseach, Dúnlaing Balbh mac Éamainn Ó Broin, agus bhíodar éirithe chomh lag sin nár ceapadh aon taoiseach eile ina áit.

In eachtra amháin, bhris Harrington agus saighdiúirí dá chuid isteach i dteach i mBaile Átha Cliath. Ghabh siad Tiobóid Ó Tuathail sa teach agus chroch siad láithreach bonn é. Bhí Carew agus Masterson gníomhach freisin agus mharaigh a saighdiúirí siúd cuid mhór de mhuintir Chaomhánach. D'éalaigh a gceannaire, Dónall Spáinneach.

Ar chlos an scéil sin d'Fhiacha, d'aithin sé go raibh a dheis tagtha. Thug sé a mhóid shollúnta go ngearrfadh sé díoltas ar na Gaill. Láithreach bonn, ghníomhaigh sé. Dhein sé comhghuaillíocht le sean-naimhde agus le teaghlaigh den chraobh

shinsearach. Sna searmanais síochána sin, bhain sé úsáid as bachall naofa chun na móideanna tac-aíochta a ghlacadh. Chuaigh Fiacha ag earcú go tréan, agus fuair sé ceithearnaigh, saighdiúirí agus gunnadóirí breise chun a arm a neartú go mór. Ansin, bhuail sé na chéad bhuillí.

Gan mhoill, bhí *Síol Éalaigh Abú!*, rosc catha na mBranach, le cloisteáil ar fud Laighean. D'ionsaigh an t-arm nua na Sasanaigh go tréan i gceantar Loch Garman, tailte Masterson san áireamh. In éineacht le Muircheartach Óg Caomhánach, scriosadar fórsaí Carew in Uí Dhróna agus dhódar a theach. Ansin, dhóigh Fiacha caisleán Harrington ag Caisleán Nua Mhic Cuinneagáin. D'aon ghnó, bhí an taoiseach Gaelach ag díriú ar cheannairí Shasana i gCúige Laighean – Masterson, Harrington agus Carew. Bhí na Gaeil ag troid ar ais.

Cé go raibh ag éirí go maith le Fiacha ón taobh míleata de, thuig sé go maith go gcaithfeadh

sé struchtúr polaitíochta eile a bhunú chun
dúshlán chóras polaitíochta na nGall a thabhairt.
Chun é sin a dhéanamh, thriail sé Ríocht Laighean
a athbheochan agus an ríocht a bhronnadh ar
sheanteaghlach ríoga Laighean, na Caomhánaigh.
Ghlac sé móideanna tacaíochta ó Dhiarmaid mac
Muiris Caomhánach, Dúnlaing mac Bhriain
Caomhánach agus Dónall Spáinneach Caomhán-
ach. Bhí Gaeil Laighean ag aontú timpeall ar
sheanteaghlach ríoga an chúige.

Ach tharla rud eile an bhliain chinniúnach sin
1580 a d'fhág go mbeadh ar chumas Fhiacha mhic
Aodha, ní amháin an fód a sheasamh in aghaidh
na nGall, ach iarracht a dhéanamh iad a threascairt
ar fad i gCúige Laighean agus a riail in Éirinn a
chur i mbaol. Bhí easaontas mór tar éis éirí idir
rialtas Shasana agus roinnt de na seanGhaill in
Éirinn. Cúrsaí creidimh ba mhó a bhí i gceist
ansin. I gCúige Laighean, tharla gurb é Séamas
Iústás an té a bhí i gceannas ar an éirí amach.

Láithreach bonn, d'aithin Fiacha go raibh deis thábhachtach ann. Dá bhféadfaí an freasúra do na Sasanaigh in Éirinn a leathnú chun Gaeil agus seanGhaill a thabhairt le chéile, d'fhéadfaí fórsa a thógáil a scanródh na Sasanaigh. Na blianta roimhe sin, d'éirigh le hAodh mac Seáin bua cáiliúil a bhaint amach ar Rólann Iústás. Deineadh an bua sin a cheiliúradh i Leabhar Branach. Anois chonaic Fiacha mac Aodha go bhféadfadh mic na sean-naimhde sin teacht le chéile chun todhchaí nua a chruthú d'Éirinn. Cuireadh scéal chuig ceannairí an éirí amach i gCúige Mumhan ag geallúint tacaíochta dóibh.

Bhí na Sasanaigh buartha. Bhí bagairt mhór anois ann ar chumhacht Shasana in Éirinn. Chuaigh complacht gunnadóirí de chuid na nGall ar thaobh Fhiacha agus d'ionsaigh an fórsa nua sráidbhailte lasmuigh de Bhaile Átha Cliath – Cromghlinn, Tamhlacht, Ráth Cúil. Ar deireadh, bheartaigh na Sasanaigh gníomhú. Chuireadar

ceannaire nua, Arthur Grey, go hÉirinn. Bhailigh seisean a chuid fórsaí láithreach bonn agus thug aghaidh ar an dúiche ó dheas ó Bhaile Átha Cliath. Chuaigh sé tríd an Nás agus ansin d'ionsaigh sé an Baile Mór, ceanncheathrú mhuintir Iústáis. Theith an fórsa Éireannach ar an mbaile sin rompu agus chúlaíodar i dtreo Chríoch Raghnaill. Tháinig na Sasanaigh sa tóir orthu ach bhí lorgairí Fhiacha ag coimeád súl orthu ar feadh na slí. Stad fórsa an Bhaile Mhóir i nGleann Ó Máil tamall. Nuair ba léir go raibh na Sasanaigh á leanúint, leanadar orthu i dtreo Ghleann Molúra.

Nuair a bhain fórsa an Bhaile Mhóir béal Ghleann Molúra amach, bhí buíon ceithearnach ag feitheamh orthu. Le chéile, d'fhanadar fada go leor chun an tuairim a thabhairt do na Sasanaigh go raibh cath uathu agus ansin dhruideadar isteach de réir a chéile sa Ghleann. Bhí fonn fola tagtha ar Grey agus a arm agus mheasadar slad a dhéanamh ar an bhfórsa beag a bhí ag cúlú rompu. Leanadar an díorma isteach sa Ghleann.

Maidin an 25 Lúnasa, d'imigh arm Shasana isteach i nGleann Molúra le 2,000 fear. De réir Annála Loch Cé, d'fhágadar 900 fear dá gcuid marbh ansin ina ndiaidh. Mar seo a tharla. Bhí ceithearnaigh fágtha sna toir ar thaobh an Ghleanna ag Fiacha. Bhí a phríomhfhórsa i measc na gcrann ag Baile na Fuinseoige. Bhí aimsitheoirí le harcabais – gunnaí fíormhaithe – ar bharr an droma ag Log Dearg. Bhí Séamas Iústás agus fórsa mór istigh sa Ghleann, agus bhí Fiacha féin agus a bhuíon laistiar de na haimsitheoirí lena chuid píobairí.

Ar eagla gur gaiste atá ann, roinneann Grey a fhórsa ina dhá leath ag béal an Ghleanna. Ar an bpríomhfhórsa a imíonn isteach i ndiaidh na nGael, tá na hoifigigh Cosby agus Greene agus ceithearnaigh agus gunnadóirí Gaelacha as Connachta atá fostaithe in arm na nGall. Tugann Grey an fórsa eile isteach ar shleasa theas an

Ghleanna ar an taobh eile den Abhainn Bheag a ritheann tríd an nGleann. Measann sé nach mbeidh le déanamh aige ach a bhfuil fágtha de na Gaeil a scriosadh de réir mar a thriaileann siad teitheadh thairis. Ní mar a shíltear a bhítear, áfach.

Agus na Sasanaigh ag breith suas leis na Gaeil, tosaíonn aimsitheoirí Fhiacha ag scaoileadh orthu. Déanann siad slad ar na Sasanaigh. Faoi lámhach na ngunnaí, beartaíonn na Gaill a bhfuil fágtha dá bhfórsa a thabhairt suas sleas an Ghleanna chun na Gaeil a ionsaí. Ach tá lámhach na nGael ró-thréan agus teipeann go tubaisteach orthu. Agus iad ag iarraidh dul síos arís, tugann Fiacha a chomhartha do na píobairí agus cromann siad ar an rosc catha a sheinnt. Gan choinne, ionsaíonn na ceithearnaigh Chonnachtacha Cosby agus téann ar thaobh na nGael. Maraíonn siad Cosby – an Cosby céanna a d'eagraigh ár Mhullach Maistean dhá bhliain roimhe sin. Beartaíonn fórsa tosaigh na nGall teitheadh ansin. Ní éiríonn leo dul i bhfad,

áfach. Tugann Fiacha comhartha eile agus tagann fórsa Iústáis aníos an Gleann agus scuaibeann isteach sna Sasanaigh mar a bheadh maidhm talún. Nuair a fheiceann Grey go bhfuil an chéad fhórsa aige á scriosadh, casann sé agus teitheann amach as an nGleann lena bhfuil fágtha d'arm Shasana. Leanann na Gaeil iad agus cith urchar á fhearadh acu orthu.

D'imigh an scéala amach ar fud na hÉireann agus thar lear gur buaileadh fórsaí Shasana go dona daichead míle lasmuigh de Bhaile Átha Cliath. Bhí dóchas ag éirí i gcroí na nGael athuair.

Ach, d'ainneoin gur bhuail an t-arm nua lucht na Páile go trom suas go dtí geataí na hard-chathrach féin, le himeacht na míonna thosaigh na Sasanaigh ag bailiú nirt arís agus ag casadh na taoide in aghaidh na nGael athuair. Tháinig soláthar gan teorainn ó Shasana, idir shaighdiúirí agus airm. Chrom rialtas na coilíneachta ar fheachtas mór chun na Gaeil a scriosadh i ndeisceart Laighean. Níor spáráladh fear, bean ná páiste san iarracht chun misneach na nGael a bhriseadh. In aon ionsaí amháin, mharaigh Masterson dhá chéad duine de mhuintir Chaomhánach – mná, seandaoine agus páistí san áireamh. Le himeacht aimsire, áfach, d'éirigh le feachtas fuilteach na Sasanach. Roimh dheireadh 1581, ghéill Fiacha dóibh ar an gcoinníoll go bhfaigheadh gach duine a throid ar thaobh na Gael na socruithe céanna is a gheobhadh sé féin.

Idir an dá linn, d'imigh Séamas Iústás chun na Spáinne chun cabhair a lorg. Ba léir go raibh sé i gceist ag Fiacha fanacht socair go dtí go dtiocfadh cabhair ón tír sin. Le géilleadh Fhiacha agus imeacht Shéamais Iústáis chun na Spáinne, leagadh amach pátrún imeachtaí a bhí chun leanúint ar aghaidh ar feadh cúig bliana déag: Fiacha mac Aodha ag feitheamh go foighneach le cabhair ón Spáinn, ag ionsaí na Sasanach nuair a bhíodar lag, agus ag déanamh síochána leo nuair nach raibh aon dul as aige. Ba mhinic gur lean sé sampla a athar ina chás féin. Lig sé dá chlann mhac agus d'fhear a iníne, Uaitéar Riabhach Mac Gearailt, a raibh cónaí air in aice le Carn an Bhua, neart na nGall a thástáil le hionsaithe rialta ar fud Chúige Laighean. Ar feadh an ama, ba chrá croí ag na Sasanaigh ionsaithe rialta Uaitéir Riabhaigh agus mhic Fhiacha – Toirealach, Réamann, Brian agus Féilim go háirithe.

Ní ina cheantar féin amháin a bhí Fiacha gníomhach. Ba mhinic é ag cabhrú le taoisigh Ghaelacha in áiteanna eile iad féin a chosaint ar ionradh na Sasanach agus troid ar ais. Iúil 1582, thug Tadhg mac Giolla Phádraig Ó Conchúir in Uíbh Fhailí móid tacaíochta d'Fhiacha agus phós sé deirfiúr leis. Earrach 1590, bhunaigh Fiacha comhghuaillíocht le Fearghas Ó Fearaíl, i gceantar an Longfoirt i dtuaisceart Laighean. Chuir an Fearaíolach a mhac go Gleann Molúra, áit ar chaith sé seachtain. Thug an fear óg cláirseach d'Fhiacha agus fuair sé capall breá uaidh ar imeacht abhaile dó. Meán Fómhair 1593, chuir Fiacha ceannasaí oilte dá chuid, Fearaíoch mac Aodha Ó Ceallaigh, as Connachta, chuig Aodh Mág Uidhir i bhFear Manach chun cabhrú leis siúd an fód a sheasamh in aghaidh na nGall.

Ba é an ceangal ba mhó a bhí ag Fiacha le ceannairí eile na tíre, áfach, ná a chomhghuaill-íocht le taoisigh Chúige Uladh, Aodh Ó Néill agus Aodh Rua Ó Dónaill. Bhí caidreamh dlúth idir an triúr agus is léir gur aithin Fiacha an Niallach mar thaoiseach na tíre. Roimhe sin, bhí Aodh Rua ina phríosúnach ag na Sasanaigh i gCaisleán Átha Cliath. An dá uair a d'éalaigh sé as, d'imigh sé caol díreach i dtreo Ghleann Molúra chun tearmann a fháil ó Fhiacha mac Aodha. An tarna huair, d'éirigh le Fiacha, le cabhair gníomhairí de chuid an Niallaigh, é a chur ar a bhealach abhaile slán trí shneachta an gheimhridh. Ó am go chéile, bhí saighdiúirí de chuid an dá Aodh lonnaithe i gCríoch Raghnaill chun cabhrú le Fiacha agus tá a sliocht sa Ghleann go dtí an lá seo féin.

Ar feadh an ama, áfach, ar nós thaoisigh Uladh, ba ar theacht na Spáinneach a bhí Fiacha mac Aodha ag brath chun an lámh in uachtar a fháil ar na Sasanaigh. Thuig sé go maith go raibh acmhainní móra ag an namhaid agus nach bhféadfaí iad a chloí ar fad gan cabhair a fháil ó chumhacht eile a raibh na hacmhainní céanna acu. Aibreán 1587, chuir Fiacha litir chuig Rí na Spáinne chun cabhair a lorg agus, seacht mbliana ina dhiaidh sin, thug sagart proinsiasánach toscaireacht Spáinneach chuig Fiacha sa Ghleann. Bhíodar tar éis teacht go hÉirinn ar long Bhriotánach.

Tar éis chuairt na Spáinneach, ba léir go raibh Fiacha cinnte go raibh an chabhair ag teacht faoi dheireadh. Láithreach, chuir sé lear mór pící á ndéanamh. Ina theannta sin, chuir sé a nia, Uaine mac Ruairí Ó Móra, fiche bliain d'aois, a tógadh

le muintir Fhiacha, go Laois chun an choilíneacht Shasanach ansin a ionsaí. Chuir sé Piaras agus Gearóid de Grás, laochra a raibh seantaithí ar an gcogaíocht acu, ina theannta chun cabhrú leis an bhfear óg. Ina dhúthaigh féin, chuir sé gairm slógaidh amach go gcaithfeadh gach fear idir sé bliana déag agus seasca a bheith ullamh chun catha.

Ach níor tháinig na Spáinnigh. An 13 Deireadh Fómhair, 1596, scrios an droch-aimsir cabhlach na Spáinne agus iad ar a slí go hÉirinn. Agus deireadh curtha leis an dóchas go mbeadh na Spáinnigh ann go ceann i bhfad eile, tá Fiacha mac Aodha i sáinn. Níos measa fós, tuigeann na Sasanaigh an méid sin go maith. Méadaíonn siad a gcuid fórsaí ó dheas ó Bhaile Átha Cliath agus bunaíonn siad ciste ollmhór chun brathadóirí agus spiairí a cheannach. In ionsaithe rialta, maraíonn siad fir, mná agus páistí i gCríoch Branach agus glacann seilbh ar theach Fhiacha féin. Tá cur síos ar an eachtra sin i Leabhar Branach. Agus ionsaithe na Sasanach ar Fhiacha ar eolas aige, téann Aodh Ó Néill ar an ionsaí ar na Gaill i gCúige Uladh. Baineann sé Caisleán Mhuineacháin díobh agus scriosann iad ag Cluain Tiobraid. Ach ní éiríonn leis a n-aird a bhaint d'Fhiacha mac Aodha.

An bhliain chéanna, gabhann na Sasanaigh Róis agus bagraíonn í a dhó ina beatha. Chun í a shábháil, géilleann mac dásachtach Fhiacha, Toirealach, do na Sasanaigh. Cuireann siad chun báis é. An 16 Samhain, 1596, maraíonn siad mac eile le Fiacha, Brian, agus, an mhí dár gcionn, cuireann siad nia agus rúnaí Fhiacha, Muiris Dubh, uncail leis, Éamann mac Seáin, agus tríocha duine eile chun báis. Bhíodar tar éis Uaitéar Riabhach a ghabháil agus a mharú mí Aibreáin roimhe sin.

Teacht na bliana 1597, bhí droch-chuma ag teacht ar scéal Fhiacha, d'ainneoin tacaíocht láidir

Réamainn agus Fhéilim. Cé gur scriosadh 144 de bhairillí lán de phúdar gunna in ollphléascadh ag an gCé Adhmaid i mBaile Átha Cliath an bhliain roimhe sin Márta – agus tá seans gur gníomhaire de chuid Fhiacha a d'eagraigh an eachtra – níor baineadh siar as feachtas na nGall. Mí na Bealtaine, chuadar ar an ionsaí arís. Tar éis slad a dhéanamh i gCríoch Raghnaill, go moch maidin Dé Domhnaigh, 8 Bealtaine, 1597, gabhadh Fiacha ar Fhán an Fhearainn os cionn Ghleann Molúra agus dícheannaíodh é.

Bhí na filí, Dónall Mac Eochadha agus Aonghas Ó Dálaigh, i mBaile Átha Cliath an lá dár gcionn nuair a chroch na Sasanaigh corp Fhiacha mhic Aodha os cionn gheata an Chaisleáin. Croíbhriste, chumadar beirt – agus chum filí eile – caointe don laoch.

Ceithre bhall a bhriseadh na hionsaithe catha
a chonaic mé uaim in Áth Cliath
á gcur ar cheithre sparra
thug sé mo chroí faoi scamall bróin.

Ceannaire ar leith ab ea Fiacha mac Aodha Ó Broin. Bhí scileanna agus buanna ar leith aige agus a fhios aige conas agus cathain ba chóir iad a úsáid. Mar a tharla, ba ag cosaint a mhuintire ar an léirscrios agus ar an díothú ab éigean dó a shaol a chaitheamh. Chomhlíon sé an cúram sin go cróga agus go misniúil ach bhí na fórsaí a bhí ina choinne ró-láidir agus ró-líonmhar. Nuair a tháinig deireadh lena shaol, bhí cion taoisigh déanta aige, cion nach ligfear i ndearmad go deo.

Scéalta Staire
MÁNAS Ó DÓNAILL
SEÁN Ó NÉILL
TOIREALACH Ó CEARÚLLÁIN
TADHG DALL Ó HUIGINN
GRÁINNE MHAOL NÍ MHÁIILLE

ar fáil ó:
Leabhar Breac,
Indreabhán, Conamara
091-593592